당신은
누군가의
소원이기
때문일 테죠

당신은 누군가의 소원이기 때문일 테죠

초판 1쇄 발행 2022년 7월 5일

지은이 권순오
펴낸이 장길수
펴낸곳 지식과감성#
출판등록 제2012-000081호

교정 임예리
디자인 김찬휘
편집 김찬휘
검수 양수진, 이현
마케팅 고은빛, 정연우

주소 서울시 금천구 벚꽃로298 대륭포스트타워6차 1212호
전화 070-4651-3730~4
팩스 070-4325-7006
이메일 ksbookup@naver.com
홈페이지 www.knsbookup.com

ISBN 979-11-392-0566-4(03810)
값 11,500원

지식과감성#
홈페이지 바로가기

다른 누구도 아닌 내가 될 때야 비로소 나는 존재하기에-

당신은 누군가의 소원이기 때문일 테죠

권순오 지음

지식과감성#

목차

-2부-

작가의 말

한없이 구멍을 파고들기도 했으며 한없이 하늘을 날기도 하는 그런 날들이 존재했습니다. 내 마음을 대변해 줄 무언가가 필요했던 날들의 연속에서 평소엔 그저 스쳐 지나갔던 존재가 언제부터인가 마음의 위안이 되어 내 마음속에 찾아왔고 나의 위로가 되어 주었습니다. 그렇게 시라는 친구를 만나 함께 울고 웃었으며 함께 걸어가자고 한 글자 한 글자마다 약속했습니다. 그 친구를 만나기 위해 무심코 지나쳤던 내 주변의 것들을 조심스레 들여다보게 되었습니다. 스쳤던 무관심의 존재들과 눈 맞추다 보니 그들은 새로운 모습으로 또 다른 나의 친구가 되어 주었고 물망초의 꽃말처럼 '그래, 한 번 더 너를 생각해 줄게' 하다 보니 내가 알던 모습과는 다른 새로운 모습으로 내 일상에 찾아와 주었고 비 온 다음 날 맑은 하늘의 구름처럼 머릿속에 몽글몽글 남아 주었습니다.

행복을 노래할 수 있게 해 주었고 슬픔을 감싸 안을 수 있게 해 주었으며 사랑을 읊조릴 수 있게 해 준 고마운 내 친구. 그 친구들을 이렇게 소개할 수 있게 되어 마음이 벅차오릅니다. 모든 사람들에게 와닿지 못할지라도 다른 누구도 아닌 내가 될 때야 비로소 나는 존재하기에 진실된 저의 마음을 그려 봤습니다.

1부

입술, 키스

내가 지금
누구와 얘기하는지
알 수가 없어요

대답은 하는데
눈을 못 쳐다보는 건
그러고 싶어서가 아니에요

어젠 복숭아였던 것 같고
오늘은 앵두 같은데

내 입술도
같은 색으로 물들고 싶은 게

이거 참-
난감합니다

붙잡고 싶은

여름의 해,
겨울의 달과 같았으면 좋겠는
당신과의 계절은
어찌 이리도 빠르게 흘러가는지요

용기

지나간 꽃들에게
이제는 인사를 건넬 수 있지만

내 눈에 보이는 당신께
어떻게 인사를 건네야 할지
잘 모르겠습니다

사실 조금 더 솔직히 말하면
인사를 건넬 용기가 나지 않지만

당신도 지나간 꽃이 될 거란 걸
이미 알고 있기에

이제는 나에게
나에게 인사할 용기가 필요합니다

그거면 됐다

그거면 됐다
네가 나로 인해
잠시라도 미소 지을 수 있다면

네가 나로 인해
조금이라도 덜 아플 수 있다면

네가 나로 인해
좋다 말할 수 있다면

난
그거면 됐다

보조개

얼마나 예뻤으면
신께서 한번 만져 보신 걸까

그러니 너의 미소가 아름다워 보이지
그러니 내 눈엔 더 예뻐 보이지

아른거리는 네 미소 속에
피어나는 나의 미소

좋아하면

큰일이다
바보가 된 것 같다

네가 웃으라니 웃고 있는 내가
너무 바보 같다

허나,
좋은 걸 어쩌랴

네가 좋다면
네겐 뭐가 됐든 좋다

수족 냉증

그녀에게서 떠나지 말아 주세요

아니 그냥
저 만날 때만 그녀를 찾아가 주세요

아니 그냥
없어도 있다며
그녀가 거짓말하게 해 주세요

그녀도
저와 같은 마음이면 좋겠거든요

당신의 눈빛

오직

내게만 머물러 주세요

간지러움

간질간질하다는 말은
당신이 좋다는
말을 하기 부끄러워 둘러대는
나의 마음입니다

당신의 눈빛이
당신의 머리칼이
당신의 솜털이
당신의 웃음이
당신의 목소리가
당신의 숨소리가

.

.

.

.

기적

기어코 입 밖으로 낸 말이
펑 하고 터진 풍선이 되어 버릴까
왜 이리 빨리 뛰는지 모를 심장을
몇 번이고 부여잡으며 네게 건넨 말

대답 대신 히히- 하며 웃는 네 얼굴에
나도 모르게 너를 안아 버렸지만
내 등을 감싸 준 너의 손길에
심장이 펑 하고 터져 버렸다

'고마워'

'나도'

뾰루지

얼굴에 뭐가 나는 게
그리 좋지는 않다

반창고를 붙여야지
생각하다 웃음이 나왔다

그냥 두자

어제 네가
나의 얼굴을 만졌던 기억이 났다

이 또한 너의 흔적
나를 향한 사랑의 표현

지우지 않기로 했다
간직하기로 했다
너의 손길을

'얼굴에 뭐야?'
'네 온기'

네게 하는 거짓말

밥은 먹었어?

나 잘 먹고 다녀!

네게 거짓말을 했다

네게 줄
네가 좋아했으면 하는
너의 생일 선물을 사기 위해
네게 거짓말을 했다

그깟 밥 한 끼 안 먹어도 됐다
그깟 커피 한잔 안 마셔도 됐다

네게 진심이었기에
너를 사랑했기에
그깟 것들은 내게 중요치 않았다

그래서
오늘도 네게 거짓말을 한다

너무 많이 먹어서 배부르다

주말 오후 4시쯤의 햇볕

평생이라는 말보다는
힘들었던 네게
창문 통해 들어오는
주말 오후 4시쯤의 햇볕

뜨겁지도 차갑지도 않게
네 곁에 잠시라도 머물 수 있는
주말 오후 4시쯤의 햇볕

내가 너의 무엇이 될 수 있는 건
주말 오후 4시쯤의 햇볕이었다

예쁜 굳은살

나의 온몸엔 굳은살이 가득하다

오늘도
편지를 쓰고
전화를 걸고
메시지를 보내고
너를 생각하며
너를 만나러 가다 보니

나의 온몸엔
예쁜 굳은살이 가득하다

오로지
너를 향한 것이기에 예쁘다

내가 좋아하는 계절

그렇게 뜨거운 태양도
늦게 나오고 일찍 들어가는 걸 보니
이불과 더 친해지는
계절이 오는가 봅니다

구름도 추워서 잠시 들어가지만
이곳 저곳 피어오르는
사람들의 마음을 보며
그래도 아직
사람들의 마음은 따뜻하구나

더 깊게 파래지고
더 이르게 붉어지는 하늘을 보며
너도 태양이 있어야 덜 춥구나

그렇게 생각할 테죠

시린 손 주머니로 들어갈지라도

그대 손잡아 같이 넣고

오래 잡고 있을 수 있는

내가 좋아하는 따뜻한 계절이 왔습니다

내가 왜 좋아?

이를테면
자주 깜빡하는 모습이 그렇다

이를테면
과자 부스러기가 묻은 입술이 그렇다

이를테면
풀어진 신발 끈이 그렇다

이를테면
잘 못하는 칼질이 그렇다

그렇게
한 번 더 너를 생각할 수 있게 해 주는
너의 서툶도 나는 좋다

또 이를테면...

하얀 당신께

눈이 내리는 소리처럼
당신께 스며들고 싶다

나의 꽃 너의 웃음

오늘도 어디선가
기분 좋은 향기가 풍겨 오는 걸 보니
바람이 꽃을 간지럽혔나 보다

아참,
지금은 겨울이다

아참,
네게서 나는 향기라는 걸
앞에 두고도 맨날 까먹는다

너는 내게 꽃이다
꽃이 웃는다
나는 네게 웃음이다

자장가

별다를 것 없이
아무 말 않고
온종일 널 생각했다
입으로만 하는 말 아닌
네 가슴에 전하고파
더 꼭 끌어안고
힘들었을 너의 등 토닥이는 것

슈베르트의 자장가 못지않은
너를 위한 자장가

따스함으로

노랗고도 붉은빛이 감도는 호수 위
윤슬과도 같은 아름다움아

한 줌 뜨거운 해변의 모래,
콧속이 녹아 버릴 만큼 달콤한 향기

네겐 어울리지 않는구나

뜨겁게 사랑 말고
달콤하게 속삭이지 말고
은은하게 지저귀며 고백하리

추운 겨울
등을 감싸는 오후의 따스한 빛이 되어
잔잔히 그대를 감싸 안으리

서툶

처음이라,

그대가 처음이라

막 걸음마를 뗀 듯

잘 걷는 일보단 넘어지는 일이 많습니다

완벽하지 못하기에 사랑이라

핑계를 대 보지만

조금씩 멀어지는 그대 뒷모습 보며

웃으며 안녕하지 못할수록

초라한 내 모습이 안녕하며

내게 인사를 건네 옵니다

햇빛 가려 주는 구름이 되려 해 보지만

그대에겐 그저 먹구름이 되어

눈살 찌푸리게 할 뿐이니

쨍쨍 내리쬐는 태양에

아지랑이 올라오는 날

그대 더위 식혀 주는 비구름

울적한 날
더 울적해 보이는 겨울 하늘
흰 눈 살랑살랑 내려 주는 눈구름

서툴게 겉돌 바엔
그대 그런 날에 서툴지 않게
잠깐 그렇게 존재하렵니다

한 번 더

내 머릿속
일말의 망설임조차
허락하지 않고
떠오르는 그 얼굴

귓가를 간지럽히던
그 웃음소리와
입가에 살며시 띤 그 미소

다시 생각해 봐도
나를 절로 웃음 짓게 한다

그래서 말인데

한 번만 더 듣자 네 목소리
한 번만 더 보자 네 얼굴

암전

뙤약볕에 목이 타들어 갈 즈음
마시는 얼음물 한 잔과
끓는 아스팔트를 달래줄 시원한 비

너와 손을 잡고
너와 포옹하고
너와 입 맞출 때

그런 암전이 왔다

너와 대화하고
너를 바라보고
네게 눈 맞출 때

아- 사랑이구나
말하게 되었다

그대 이름은 장미

어여삐 피어나
내 마음속
진하고도 붉은 향 풍기어
그대를 부르게 되는
그대 이름은 장미

그대 아름다움
한 잎 떨어질까

당신을 소중히 두 손으로 품고
그대 향기 두 눈에 새기면

흠뻑
그대에게 빠져 헤어나지 못하는
한 마리 꿀벌 되어

매일 그대의 품속에 머무르고파
당신의 노란 머리칼에 속삭이면
그대

쏟아지는 빗방울과
희뿌연 근심 속의 나를

온화한 토닥임으로
나의 날개 감싸 주는

그대 이름은 장미
나 오늘도 그대를 찾아가리

나의 우주

이곳에 한 획
저곳에 한 획
나의 걷는 걸음
그곳이 어디든
오로지 당신만을 향해 있으니
나는 분명
당신의 나 되었음을
오늘도 깨닫게 됩니다
까치가 울기 전
눈을 뜨고 나의 그대를 떠올리니
매일의 하루는
그 무엇도 아닌
당신으로부터 시작됨을
나의 미소가 대답해 줍니다
그대로 시작해
그대로 끝나는 매일의 나는
당신이 되어 가니

분명
내일 나의 아침 또한
행복 이상의 것이며

내일 밤 나는 웃으며
꿈에 그리던 그대를 만나러
당신의 우주로 뛰어들 겁니다

내 사랑

어찌 당신을
이 하찮은 두 눈으로
품을 생각을 하겠소

어찌 당신의
가녀린 입술을
탐할 생각을 하겠소

어찌,
내가 어찌
감히 그 이름
내 입에 담아
그대를
뒤돌아보게 만들겠소

나를
떠나지 마오

내 순간, 매 순간

나에게 주는 당신의 사랑은
세 글자 그 이상의 의미

그늘진 내 얼굴에
한 줄기 빛
그 이상의 미소

그대 향한 내 사랑
달빛 닮았다 해 주니

내 모든 순간
매 순간마다

나는 햇빛마저 되어
그대
한 번 더 사랑하리

사랑한다는 말

알지 못하면서
마치
아는 것처럼
아무렇지 않게 내뱉던 날들

이제 좀 알 것 같은데
공기 같은 것으로 여겨질까

목구멍까지 차오르는 그 말을
아끼고 삼켜 누르며
숱한 지난날 동안 지켜온 그 말
속삭일 수밖에 없게 만든 당신

그런 당신을 알게 되어
더욱
그 말이 무엇인지
생각하며 잠에 들고
또다시 아침을 맞이하며

오늘도 그렇게

그대의 눈에

그대의 귀에 속삭인다

질문

바싹 부르터
새하얘진 입술과

쉼 없이 떨궈지는
호기심 가득한 두 눈을
어찌할지 모르겠어요

적막이 감도는
우리 둘만이 존재하는
이 동굴 안에

한마디 진심이
메아리쳐
다시 돌아오길 바라요

심쿵

예쁘다 예쁘다
말해 주니
더 예뻐졌다

사실
그것보다
더 예쁜데

내가 예쁘다 하니
괜히 미안하다

본래 예쁜데
예쁘다 해 주어 웃으니
더 예쁘다

그만 웃어
안 웃어도 예뻐

사실

네가 예쁘게 웃으니

심장이 아파서 그래

울림

나의 말 한마디
나의 행동 하나
너를 보는 눈빛 한 번
너를 생각하는
순간순간들이

지나치지도
모자라지도 않게

사랑이라는 울림이 되어
너에게 남겨지고 싶다

그대에게

내가 아는 사람이
내가 연락하는 사람이
내가 알고 싶은 사람이
내가 만나고 싶어 하는 사람이
내가 궁금해하는 사람이
내가 뭔가를 배울 수 있는 사람이
작지만 뭔가를 해 주고 싶은 사람이
그대여서 고마워요

내 삶에 공존해 주어 고마워요

많이 보고 싶네요

그때의 설렘

미칠 듯이 졸음이 쏟아져도
정신력 하나로

네 목소리
한마디라도 더 들으려
안간힘을 쓴다

네가 한 말 잠결에 들어
기억 못 해 너에게 미안해질지라도

그렇게라도
한마디 더 들으려 했던

그때의 설렘
잊지 말고 기억하자 우리

푸념

푸념을 늘어놓다
괜찮아라는 말과 함께
먹구름 멀리 밀어내고

말없이 어여삐 웃는
너의 모습도

잘 안돼
라며 울상 짓는 그런 날

그런 너조차도
사랑한다 말할 수 있길

우연히 인연

유치하리만큼
뻔히 보이는
그런 핑계가 또 없습니다

스스로 생각해도
헛웃음만 나와
몸이 배배 꼬입니다

놓치기 싫어
오늘도

우연히
인연이라며
아름답게 만나 보고 싶습니다

통화

설렜어요
여보세요라는
한마디에

좋았어요
목소리를 듣는
그 시간이

그저 짧기만 했어요
그대를 내 곁에 두는 시간이
야속히도 흘러갔기에

그대도 그랬나요?

밤 산책

둘이 함께
물비린내 나는
천(川)길을 걷다

마주 오는 행인을 핑계 삼아
살짝 옆으로 비켜섰던

너와 나의 손등이 스친
짧고 길었던
그 순간을

다시 마주하고 싶어
일부러 좁은 길로 갔던 걸
너는 알까

한순간

방황하는
두 눈이
한곳에 머물러
떠날 줄 모르고

경직된
입꼬리가
머무른 한곳을 향해
방긋 움직이게 된

그 순간

간직하리
그 한순간

연애편지 1

뭐라 말해야
너를 웃게 만들까

무엇을 주어야
네가 좋아할까

어떻게 써야
너를 울게 만들까

네가 웃어야
나도 웃고

네가 좋아해야
나도 좋아

너를 울리면
나는 나쁜 놈이 되지만

울리고 싶다
감동하게 해서

내가 아닌 당신이 될 때

그럴 때가 있더군요
아니,
그 때가 온 것 같아요

나를 바라보려 하다
내가 아닌 누군가 생각나고

나를 생각하려 하다
내가 아닌 누군가를 바라보게 되고

내가 싫어하던
무언가가
누군가로 인해 좋아지게 되고

내가 바라보지 않던 것을
바라보게 되는 때가
그 때가 온 것 같아요

사랑 고백

봄을 닮은
양 볼
수국 향기 품은
두 눈
코스모스 피어나는
미소
그 사이로 피어나는
하얀 겨울

마음까지 그리하여
내 마음 뺏겨 버리니
어찌 당신,
사랑한다 말하지 않을 수 있으리

그대라는 얼굴

아지랑이처럼
간질간질한 게
느낌이 묘해요

웃음이 자꾸 터져 나와요
참을 수 없을 만큼 말예요

하루에 수십, 수백 번씩
저 길고 긴
넓디넓은 하늘색 공간에

꽉 찰 만큼
그려 왔어요

이제는
내 마음에 내 가슴에 채우려 합니다

그냥

그냥-이 어딨냐며
말도 안 된다 하던 내가
그냥-
하는 때가 있어요

누군가는
정말 아무 의미 없이 하는 말
그런 것일 수도 있겠죠

차마 못 할
숨기고픈
남사스럽다 생각한 말을
저는
그냥-
하고 넘기고 있더라고요

오늘도 한번 써야겠어요

'이거 뭔데?'

'그냥-'

그런 사람, 그런 사랑

매일 같은 옷
어수룩해 보여

내세울 것 하나
누구 하나
알아주는 이 없어도

당신 하나 알아보고
히- 하며

구름 위 해님보다
환하게 웃는
그런 사람

잠시 안개로 가려져도
다시 그렇게 웃는
그런 사람이 되어

그런 사랑
당신께 주고 싶어라

방정식

너를 만나고
로맨스 영화가 좋아졌다
먹지 않던 곱창을 먹게 됐다
가지 않던 놀이공원을 갔다
눈물보단 웃음이 많아졌다

너를 잃고
나는
아무것도 할 수 없어졌다

너를 바라보는 동안의 내가
참이었을까
너를 볼 수 없게 된 나는
거짓일까

진실도 거짓도 아닌
너 없는 나

그 누구도 아닌 그대

눈을 떴는데
앞이 보이지 않아
손이 허공을 헤매일 때

무엇이 만져질지 모를
두려움과 공포에 휩싸여
중심조차 잡지 못해
온몸이 얼어붙어 버린 그 순간

손끝에 느껴지는 무언가
나는 비로소 눈을 뜰 수 있었네

밝게 빛나는 그대가 있어서
밝게 빛나는 그대여서

진정 눈을 뜰 수 있었네

사랑을 쓰다

달님을 생각하며 쓰고
해님을 생각하며 쓰다 보니

내 손끝의 종착지는
다시 여기
이곳으로 돌아왔네요

젖먹이 아이
울며 어미 찾아 헤매다
온기 가득한 품에 안기어
쌔근쌔근
비로소 잠에 들듯

내 님 생각하며 쓰다 보니
어느새 소곤소곤
사랑이라 쓰고 있습니다

고백

눈을 떠도
눈을 감아도
저 멀리서 다가온다

작은 유리 밖
구름 한 점 없는 하늘에

수없이 많은 획을 그었다 지우며
한 폭의 예쁜 그림이 되길
인내하며 기다려 본다

밤새 내려앉은 이슬이
새로운 하늘을 선물하듯

천천히
하지만 매일 그렇게

그림이고
이슬이 되길 바라 본다

그대라는 의미

그대
왜 그리 눈부셔
내 눈을 멀게 했나요

그대 왜
그리 아름다워
내 심장을 멎게 했나요

그런데 이상하게도
그대 덕분에

다시 보게 되고
다시 뛰게 되네요

저를 죽이고 살리는
당신 참 밉습니다

의미

눈 내린 겨울
초록 잎사귀에
소복이 내려앉아 있는
곱디고운 눈송이 같은

나의 사랑
나의 피앙세

쏟아지는 별들이 아름답다 하여
무작정 따라다니다

온 우주를 품고 있는
당신의 눈을 보니
그런 날들이 무색해지는구려

의미 찾던 내게
그대라는 의미 생겼으니
이제서야 웃을 수 있게 됐으니
떠나지 마시게

나의 사랑

나의 피앙세

내 삶의 의미

이상과 현실

어떻게든 만나는 것이
인연이라 하면
내 모든 시간 바쳐
인연이라 생각하게 할래요

세 번 마주치는 것이 운명이라면
그 세 번 마주치기 위해
서른 번의 시나리오를 짜 볼래요

그저
인연이고 싶고
운명이고 싶은 간절한 맘을
땅이 알고 하늘이 아는데

정작 그대는 모르는 것 같아
울리지 않는 애꿎은 핸드폰에
괜한 투정을 부려 봅니다

가장 좋은 것

내가 당신께 드릴 것은
어쩌면
세상 것들과는 다르게
볼품없어 보일지 몰라요

내가 당신께 드릴 것은
어쩌면
당신에게 어울리지 않아
숨기고 싶은 것일지 몰라요

하지만
기억해 주세요

장미 한 송이일지언정
내 모든 진심 담아
당신께 드리리다

2부

자연에 비는 소원

달빛이 내려앉은 밤
햇빛의 따스함이 되어
서로를 비춰 주는 별이 되길
높은 산 불어오는 바람에
두 손 모아 소원 날려 보냅니다

마음에게

살가운 여름 꽃향기 온화롭게

시름하는 당신의 영혼
잠시 쉬어가는 어느 곳이든

차마 터뜨리지 못한 깊은 설움 위로받길
흔들리는 나뭇잎에 전해 봅니다

어여쁜 그대 마음,
곪게 두지 마세요

손잡이

흔들리는 버스 안
가지각색의 손들이

잠시 머문 나그네와
햇빛의 온기를 머금고
인사를 건네 온다

고되었던 하루에
잠시 쉬라며
그 한 몸 내어 주니
잠깐 기대어 본다

그렇게
세상 힘든 것들
짊어지는 것이
너의 운명이구나

그렇구나

너는 그런 꽃이구나

너는 작년 1월에

너는 올해 2월에

너는 2년 전 3월에

너는 10년 전 4월에

.

.

그렇구나
너는 그런 꽃이구나
그렇게 생겼구나
그렇게 향기롭구나

그렇구나

어느 정도

어느 정도의 물을 줘야 하는지
빛을 보게 해야 하는지 모르고

주고 싶은 만큼 주고 보게 했더니
금방 나를 떠나 버렸다

어느 정도였는지 몰랐기에
또다시 너를 잃기 싫어
나의 곁에 두지 않기로 했다

아무도 두지 않는 것이
어느 정도인 것 같아 떠났다

어쩌면
어느 정도도 아니었나 보다

반하다

떨어진 꽃잎 보며
너 참 향기롭구나

바람에 날려 가는 낙엽 보며
너 참 푸르구나

아름다웠던 그 시절을 기억하며
그늘 되었던 고마움을 알아주는

아름다운 마음
아름다운 시선을 가진

당신의 아름다움에
나는 오늘도 반한다

달빛의 사무침으로

사무치듯 들려오는
밤하늘 달빛의
고요한 속삭임이 비치는 날

한없이 담아
새벽녘 닭이 울기 전부터
밤새 그리웠다

내 두 눈에 담긴
달빛의 고요한 사무침으로
네 두 눈에 말하고파

해가 뉘엿뉘엿
산 뒤로 얼굴 감출 때

반대편 떠오르는
내일의 달을 보며

함께해 주어 고맙다

선명해지는 파동으로

이른 인사 하리다

가을비

불빛들만이 거니는 거리에
톡 톡 톡
빗방울들이 찾아오면
친구들 더 많이 데려오라며
하늘에 대고 중얼거린다

그래 그런 날이구나
하늘이 내 부탁을 들어주면

그토록 맞기 싫던 비
우산 없이 나가
젖어 버린 공원 벤치

흐느끼는 소리
나 부끄러울까
하늘도 같이 울어 준다

너울

실바람
폭풍

무엇에 실려 왔든
내게 왔으니

나도 네가 되어
함께 멀리 가 보자

웃음

감추어져
알 수 없네

다들 그렇게
감추고 사네

그래야
살 수 있다고

그렇다고
믿는다네

그 속에
무엇이 감추어져 있는지
알 수 없기에

그렇게 감추고 사네

구름

무지개색 하늘을
이리-
저리-

강아지 친구
고양이 친구
새 친구
거북이 친구가 되어

오대양 육대주 여행하니
너 참 부럽구나

마스크

욕심 한 번 참아 내어
그대 한 번 더
마음 편히 쉬게 할 수 있다면
얼굴 반 가리고

하고 싶은 말
내어 비치고 싶은 마음

반 가린 얼굴 위로
마음의 창을 열어
웃어 보인다

등산

우두커니 곧게 뻗어
하늘 향해 자란 나무들이

시원하고 청량한 화음으로
이리 오라며 나를 이끈다

도시의 소음이 차단되고
산새들의 지저귐과
나뭇잎 춤추는 소리가 들릴 즈음

숨이 가빠 오다
울음이 터져 나와
그 자리에 서
나도 나무가 되어
하늘 향해 고개 들고

따귀에 흐르는 눈물을
바람에 맡기어 본다

위로

어깨 위로
조심스레 올라온
따뜻한 손길에

그만
뜨거운 내가 흘러내립니다

묵묵히
같은 곳을 바라보다
우연히 본 그 손길엔
내가 있었습니다

나는
내가 필요했나 봅니다

신호등

잠깐
그래야 산다

없으면 모르니
내달리지만 말고
올려다보고

다시 생각해 보면
마음 참 편해질 수 있는 걸

세 번쯤
나눠 멈추어 보니
그리 지내다 보니

마음 참 편해집니다

편지

오래 보관한 편지들
하나씩 꺼내어 읽어 봅니다

시간이 흘러
사물은 변해 가고
사람의 겉모습은 바뀔지라도

그때
나를 향한 당신의 마음은
한 획
한 글자에 녹아 있기에
변치 않습니다

누군가가 쓴
나를 향한 마음을
나도 누군가를 위해
써 보려 합니다

아인슈페너

달짝지근한
첫 입맞춤을 뒤로
쓰디쓴
두 번째 마주함을
혀 전체로 천천히 느낀다

달콤함 뒤엔
씁쓸함이 올 거라며
실망하게 만드는
우리네 일상과 닮은 듯하지만

적절한 조화를 이루어
끝은 꼭
절망적이지만은 않다는 것을

한 모금 음미하며
희망을 가져 보려 한다

파도

세차게
더 세차게 오거라

하얗게
더 하얗게 부서지거라

마음속 눌어붙은
돌덩어리 깨어지도록

볕 좋은 날
너 만나러 갈 테니

부서지고 또 부서져
신비로운 빛깔
내 귓가에 속삭여 다오

바람

네가 되어
너에게로 가고 싶다

네가 되어
최대한 빨리
너에게로

멀리 너와 함께

때론 따뜻하게
때론 달콤하게

세상 아름다운 냄새 맡으며
그리 떠나고 싶다

연필

사각사각
속내를 드러내어
손에 쥐어졌다

쓰이고
깎이고
짧아지고
사라지는
인생의 속도는

누구를 만나
어떤 시간을 보내
짧고도 굵거나
길고도 얕을 수 있기에
너와 나는 다를 게 없구나

그래도 태어났으니
많이 쓰이는 게 낫지 않겠나

얼음

투명하다 생각했건만
속내를 보니

너 또한
속은 금이 간 게로구나

그 속엔 무엇을
어떤
못다 한 슬픔이 어려 있는 것이냐

단단히 속내를 감추려다
못내 본질을 숨기지 못하고
다른 본질과 섞이면

희뿌연 사연들을 내비치다
얼어도 숨길 수 없는
너만의 아픔을 품고

다시 말갛게 돌아가는구나

파편

존재를 잃고 부서져 버린
본연의 나는
어디로 사라졌을까

괴이한 소음
달빛의 향연들과 함께

전 내 한가득

밤하늘 수호신들과 인사한 뒤
다시금 눈뜨기를

끝날 줄 모르는 여정에
나침반을 세웠지만

꿈틀
그것은

길을 잃고 비틀대는

지독히도 쓰라린

고통의 아우성

주체성

아무렇게나 생겨난 것이 아니다
그래서 더 고귀하고 아름답다

우리는 그런 존재다

거꾸로 매달려
세상을 향해 존재를 알렸던
그때의 첫 외침을

우리는 잊지 말아야 한다

그렇게
나는 고귀하며
아름다운 존재임을

세상에 외치며 살아가야 한다

행복

그날

그날에 나는
한없이 행복할 겁니다

그날

그날에 당신이
한없이 행복하길 바랍니다

태양이 한껏 쏟아져
우리를 안고

그 포근함에
서로 눈을 맞추면

한구석 어둡던 내 맘 그곳은
행복 빛이 맴돌 것입니다

그제서야 난
행복하다 말할 수 있습니다

오겠죠
당신께도
내게도

웃자

거울에 비친 내 눈동자
그 속에서
무뚝뚝한 시선을 마주합니다

누군가를 마주하던
밝은 웃음을
부드러이 주지 못하고

석연찮은 모습으로
나를 대하던 모습들에

멋쩍은 웃음으로
그렇게 조금씩
나를 위해 웃어 보렵니다

행복할 그대에게

내일 보자며 인사하는
오늘을 바라보며
푸르른 밤이 되길
바라며 또 바랐습니다

빠르게 지나갔으면 좋았을 시간들은
무심하게도 나를 억눌렀습니다

느리게만 느껴졌던
나와의 사투를 끝으로
진정 행복할 나를 만나러
버선발로 뛰어나가 인사합니다

늦어서 미안
내 행복아

부모라는 이름

집히는 대로 잡아도
칭찬 받던 그때

아무거나 하면
안 되는 지금

변하지 말아야 할 청춘인데

넓은 바다 위
늘어만 가는 파도에

당신들은 얼마나 더 아파야 합니까

이제는 기댈 곳 하나
내가 되어 드리렵니다

나무

조금만 더 힘을 내어
지친 나그네들의 머리를
바람과 함께 식혀 다오

하늘 향해 노를 저어
기나긴 여행을 마친
작고 여린 생명들을 품고

제비 떠나고
소쩍새가 오면
그 커다란 팔로
세상 모든 근심 품어 다오

그 밑
너의 환영의 소리 들으며
편안히 미소 지으리

아가에게

얼마나 많은 꿈들이 반짝이는지
헤아릴 수 없고

갈라져 가는 세상을
적시고도 남을 만큼
촉촉한 너의 두 눈

수많은 우주를 품고 있기에
그래서 더 아름다운 너의 눈망울

아파하는 이의 마음을
만져줄 수 있는
때 묻지 못할 너의 순수함

어떠한 형용사로도
너를 표현할 수 없으니

구름 사이에 해가 나듯
모든 이에게 그런 사람이 되거라

밤의 세레나데

깨끗이 걷힌 하늘에
무수히 많이 걸린
저 세상 아름다움을

한가득 내 품에 안아
너에게 선물하고파

꺼져 가는 이 세상 불씨 대신
영원히 따뜻할 앞날을
네 품에 안겨 주어

잊힐 수 없는 추억을
달님과 함께 나누고파

오늘 밤 나와 함께해 주오

채움

깊숙히 파고든
장미 한 송이의 가시가

손가락에 박힌
작디작은 나무 조각처럼

빠지지 않고
안에서 맴돈다

새살이 차올라
그 조각을 밀어낼 때야
뺄 수 있었다

아픔은
다른 무언가로 채워져야
나을 수 있다

채워져야 치유된다

봄

민낯을 드러냈던 대지에
흰 천사가 내려앉고

그 품에서 울던
말라 버린 풍경들이

고생했다며 토닥여 주는 하늘의 위로에
초록 내음으로 화답해 주네

그렇게 넌 다시 내게 오겠지
나도 너에게 그렇게 가겠지

향수

무엇을 떠올리시나요
거기, 그곳에서

나는 무엇이었나요

기억나요
그때 그곳이

그대도 그런가요?

시간은 흐른다지만
아직 털어 버리지 못한 추억이
머릿속 어딘가 남아 있어요

데려다드릴게요
그 시간
그곳으로

지워드릴게요

이 시간

이곳에서

무지개

태양의 손길에
물방울은 부끄럽다는 듯
그 속내를 드러낸다

셀 수 없을 만큼의 이야기가
그 속에 담겨 있다

어쩌면
우리의 삶이
검정색이 아닌

수많은 빛깔들로
물들길 바라는
우주의 또 다른 선물 아닐까

음악

눈을 감고
두 귀로 들려오는
수많은 음들과 노랫가락이
물리적 불가능을 넘어
시간 여행을 가능케 한다

눈물과 미소
이성과 감정
요동케 하는 타임머신

없어선 안 될
유일한 내 친구여

우산

센티해지는 날이면
움츠러들어
그간 쌓인 설움을
꾹 눌러

내리는 방울방울과
습습한 분위기에
이내 씻어 버린다

비 오는 거리
상처투성이 되어
본질조차 없어진 너는

누군가의 연인이 되어
두 손 꼭 맞잡았을
한때가 있었겠지

너도 나와 같구나

바람

홀로된 공원의 벤치
흔들리는 그네
얼어붙은 수도꼭지

한 계절 친구 삼고
잠시 스치는 바람에게
기다린다 전해 달라 속삭이다

그대 다시 온다면
한 계절
한 계절
한 계절

또 한 계절

이제는
홀로됨 없이
그대와 함께하고파

회상

두 손과 무릎으로
바닥을 기던 시절의 나는
두 발로 걸음을 부러워했으며

두 발로 걷던 나는
비눗방울 잡으러
뛰어다님을 부러워했으나

그러던 나는

뛰는 누군가를
걷는 누군가를
움직이는 누군가를
그저 앉아서
그 모습을 회상하며

하늘과 맞닿을 날을 기다리는
내가 되었습니다

당신의 자식

당신의 부모

그리고 나

하루라는 행복

아직은 달이 잠들기 전
대지에 내려앉은
밤의 눈물이
다시 하늘로 오르기 전

그것 또한
하늘이 내려준
하나의 축복인 것을

아- 나는 눈을 뜨고야 알았네

달의 밝음이
태양의 밝음에게
자리를 양보하면

태양의 밝은 빛이
밤의 눈물을 닦아 주듯

이러한 사실이
모두에게 행복이 되길

TO.

누군가의 그늘이었던
한때가 지나고

형형색색
아름다운 빛깔로
옷을 갈아입던
한때가 지나고

하이얀 이불 속에 몸 숨겨
그렇게도 아름답더니

간질간질
풀 내음과 함께
너는 또다시
아름답게 피어나는구나

나의 미소
너라는 아름다운 계절의 거울

하늘

같은 제자리
다른 매일

다른 곳이지만
같은 너

그런 네가 좋아
매일 바라보리라

그대 이름은 하늘

현실부정

만감이 교차하여
웃음와 눈물이
머물다 사라지길 반복한다

말러의 음악
한 마디 한 마디에
죽어가는 영혼을 실어 보내 봐도

이 육체 덩어리는
시체가 된 것마냥 힘이 없다

깨어나기 싫은 여행을 떠난다

부디 그곳에서만큼은
웃고 있길 바라며

안녕

지는 태양을 잡으려
그곳을 향해 뛰다

뛰면 뛸수록
이상하리만큼
멀어져만 가는 것을 느껴

내 욕심이었을까

지는 너를
가만히 바라보는 게
더 아름다웠을까

이별이 아름다울 순 없지만
아름다운 널 바라보다
안녕 인사하는 일이
아름다움일 수 있겠다 싶어

그 자리에 멈추어
너에게 인사한다

마지막 인사

잎사귀들이 춤추는 소리에도
세상 다 가진 웃음
입가에 가득 머금던
한때가 있었건만

지금 나는
모든 빛들이 사라지고
오직 가로등 불빛 하나

그 아래 웅크리고 앉아
아무 표정 없이
멍하니 그 빛을 바라본다

저 빛마저 사라져 버릴 때
골목 깊숙이 파고든 바람과 함께
그렇게 사라질 것이다

위잉-
그것은 마지막 인사

스치는 사람아

마음이 따뜻한 그대여
이 말 듣고
너무 슬퍼 말아요

그대는 그저
스쳐 지나가는
수많은 사람 중 한 명
너무 큰 의미 갖지 말아요

이 말 듣고서도
바보처럼 웃기만 할 테죠

그대의 눈망울이 젖어 드는 것을
나는 마음으로 느낍니다

잠시
아니 많이 아프겠지만
그대는 그저 이름뿐인 사람

관심 밖의 사람인 그대여

바보가 되지 말고

마음이 따뜻하기만 하세요

손수건

얼마큼 품을 수 있나요
나의 슬픔을

얼마나 버틸 수 있나요
그 슬픔의 무게를

수많은 이유의 추억들을
어디까지 기억하나요

너무 많이
너무 무겁지 않도록

햇빛의 따스함에
바람의 싱그러운 손짓에
모두 날려 드릴 테니

누구 하나 알아주지 않더라도
오래도록 내 곁에 있어 주세요

울음표

문장의 끝
당신을 향한 마음

반쪽짜리 마음
당신께 전달되고
당신 또한
반쪽짜리 마음
나에게 돌려준다면

조금씩 그려질
하나의 마음

앞만 보던 서로가
조금씩 서로를 향해 고개 숙여
하나가 되어 가는 마음

하나된 마음 속
그 빈 공간

더 많은 작고 사소한
서로를 향한 마음으로
가득히 채워지길

별똥별

우주 어느 한 곳
두둥실 떠 있는
당신의 의미는
평온이었습니다

아픔 없던 그곳을 떠나
먼 길 지나오며
아프게 타 버리지만

당신의 아픔조차
아름다울 수밖에 없음은

당신은
누군가의 소원이기 때문일 테죠

달팽이

언제쯤
이 계단 하나
다 올라갈래

한참을 보아도
똑같은 것 같아
먼저 가려다
지나온 길 살펴보니

서두르다
자주 엎어지는 나보단

느리지만 꾸준히
그 길 걸어가는

달팽아
달팽아

네가 나보다 낫구나

3부

물 자국이라도

네게 머물렀다
흔적이라도 남길 수 있는
물 자국 되었다면
지우면서라도 나를 떠올렸을 텐데

후- 하고 불어 버리면 날아가
자국조차 남지 않는 먼지
그 정도의 무게감이구나

검은 밤

이미 그어져 버린 검정 선은
검정 선일 수밖에 없음을
마음으론 느끼지 못하는 검은 밤이구나

그러고 싶지 않습니다

기다리고 싶지 않습니다
궁금하지 않습니다
보고 싶지 않습니다

힘들지 않으려면
이럴 수밖엔 도리가 없습니다

어찌해야 할지 모르겠으니
저렇게라도 생각지 않으면
견뎌 내지 못하리란 걸

내가 나를 가장 잘 알기에
그럼에도 잘 안되기에

어쩌면 내 맘을

어쩌면 나는 내 맘을 잘 알지 못합니다
당신을 위한다며
나도 모르는 내 마음 드리려 하니
그것은 당신을 위한 것이 아니었습니다
그래서 어쩌면 나는 당신을
진정 사랑하는 것이 아닐 수도 있습니다
사랑이 어려운 것이 아닌
내 마음이 어렵기에
당신을 진정 사랑하지 못하는 이유는
어쩌면 나는
내 맘을 잘 알지 못하기 때문입니다

성에 시린 마음

서로의 온도 달라 성에 서렸지만
그렇게나마 당신의 이름을 창문에 적어
그리워할 수 있음에 감사했습니다

당신이 내게 더 차가워져
내가 쓴 석 자 흐려질지라도

혹시 그대
늦게 돌아와 그 흔적 보아 준다면
나는 더없이 행복할 겁니다

그대 따뜻하게 만들어 주는
그런 사람 만나세요
그런 사람 아니어 미안했어요

그만둬야 할 때

알아도 그만둬야 하지만
알 수 없으니 더욱 그만둬야 할 때

당신이 먼저 나를 찾지 않는 한
멀리서나마
당신의 그림자라도 볼 수 있는 방법은

이만 여기서 그만두는 것
그때가 지금인 것 같으니

너무 늦은 게 아니었으면 좋겠습니다
지금이라도 그만두는 것이

번짐

눈에 보이는 빛이 흐려졌고
추억이라 남긴 두 글자에 눈물이 떨어져
마음의 종이를 적셔 버렸다

우리가 만나지 못하는 이유

난
딱딱한 복숭아를 좋아하지만

넌
무른 복숭아를 좋아한다

난
초록 사과를 좋아하지만

넌
빨간 사과를 좋아한다

그래서 우린 만나지 못한다

그래서 우린 만나면 안 된다

추억 도려내기

쌓인 추억은
한가득인데

지우는 덴
한순간이다

그렇게
마음 한쪽을
칼로 도려낸다

피가 흐르는 순간에도
바보같이 너를 걱정한다

의연해지는 계절

거짓의 덩어리들이
어찌나 뜨겁게 흐르던지
두 뺨이 홍시가 되었다

생각이 따라갈 수 없는
가슴의 응어리

틀어막고
닦아 내는 손등 위로

터진 댐의 물마냥
콸콸 쏟아져 내린다

가뭄이 들까
겨울이 올까

삭제

보이던 것이
보이지 않게 되니
눈물로 한 번 더 가리어
희미해져 버린
숱한 밤들이 지나간다

언제가 될지도
영원히 그럴지도 모를
답 없는 대답을
언제까지 뿌연 시선으로
마주하며 지낼지

원망 가득한 생각을
휘어잡지 못하고
또 그렇게 심장이 뛴다

천둥

밝게 빛났던 만큼
수없이 많은 빛의 뿌리들이
내 속을 휘저었고

빛 지나가
시커멓게 타고
잿빛으로 변해 버린,
검은 안개 자욱한 그 공간

큰 굉음이
내 마음을 뒤흔들어 놓았다

필라멘트 끊어지듯
팟- 하고
사라지면 좋으련만

소나기 같은 천둥이구나
너와의 이별

새벽 친구

여느 때나 다름없이
잠들지 못한 새벽이 나를 찾아온다

불쑥 찾아오는 친구라
썩 반갑지는 않지만서도
나를 찾아와 주는 건 너뿐이라
그렇게 생각하며 마주한다

나를 마주한다
내 안에 나를

새벽을 세어 본다

후-

너 참 많기도 하구나
너 참 많이도 왔구나

그래도 나를 찾아와 주는 건 너뿐이니
오늘도 너의 너를 세어 본다
너를 기다려 본다

내게 친구란 너뿐이니

그땐

자물쇠로 꽁꽁 묶어 매어도
계속 튀어나오려 한다

그래서 사랑이었나

수많은 해가 지고
달이 떠오르면

그땐 사람으로 남을까

인생

두 글자,

딱 그것만으로 불리우며 끝나는 것

무거운 비

바람이 불지 않는 비가
무겁게 내린다

그 속에 무엇이 들었는지
머리를
어깨를 짓누르며
무겁게 내린다

북극 툰드라
사하라 사막

그들의 소리 없는 행복과 고통의 눈물이
돌고 돌아 내 머리 위로 어깨로

소리 없이
무겁게 쏟아져 내린다

그 속에 깃든
갖가지 온도와 감정들이
내가 되어 나를 적신다

연애편지 2

비슷할 수는 있지만
같을 수는 없습니다

같길 바랐던 건
이기심이요
욕심이었습니다

사랑은 핑계였을 뿐
그것은
배려도 존중도 아니요
사랑 또한 아니었습니다

믿음을 주고
믿어 주는 일

그러면 우린
같을 순 없지만
더 닮아 가겠죠

상처는 옅어질 뿐

상처는 옅어질 뿐
없어지지 않는다

해와 달이 수없이
수평선과 인사를 나누고

새살들이 차올라
아픔이 가시는 듯싶지만

덮어져 숨기어질 뿐
지난날의 상처는
그 속에서 곪고 있다

우리는 몇 개의,
언제 터질지 모를
시한폭탄 같은 것을
몸속 여기저기 품고 살아간다

멈춤

잊었다 했지만
잊은 게 아니었다

그만하라는
내면과 너의 외침을
이기심으로 내쳐 버리고
응답 없는 너를 붙잡아

나를 더욱 싫어하게
바보 같은 짓을 한다

미안하다는 말조차
너에겐 지옥이었구나

내성

우연이라 했고
인연이라 했고
운명이라 했고
연인이 되었다

연인이라 했고
사랑이라 했지만
불안하다 했고
다름이라 했고

그렇게 우린
우연히 서로를 밀어냈다

모든 인연의 멀어짐은
내성이 생기질 않는다
그래서 아프다

사랑의 온도 차

무더위 몰고 온 여름을
사각 얼음 몇 개 넣어

차게 만든 갈색 물
한 모금 시원하게 들이키려다

투명한 유리잔에
몽글하게 맺혀
천천히 밑으로 흐르는 물방울

너와 나의 온도 달라지면
그렇게 밖으로 맺히다 못해

잠깐의 바람에도
사라져 버리겠지

차든 뜨겁든
함께여야 했겠지

잠들지 못한 이유

추억 하나 씹어 삼키기 위하여
이를 더 악물다

치아 뿌리까지
금이 가 버려
지독한 두통이 몰려와
잠에 들기 어렵다

밤하늘 초승달
뾰족한 갈고리에
타들어 간 추억 걸어 놓고

달빛에 물들어
따스함이라도 남길
뜬눈으로 밤을 지새운다

살고 볼 일

볼 때마다
쓰라리고 아픈
흉터로 남을 바엔

빨갛게 흐르는
내 마음을
멍하니 바라보다
서서히 쓰러지는 게
나을 거라 생각해요

하지만
살고 봐야 한대요
쓰리고 찢어지는 고통이라도
살아야 하지 않냐요

나는 이렇게나 아픈데
나만큼 아파본 것도 아니면서
그래도 살래요

눈물

날이 좋아
초점 잃은 눈을 한 채
무작정 걸었어요

시간이 해결해 준다는 말이
너무 싫었는데

그 말을 실감이라도 한 듯
무덤덤한 내 눈물샘은

한때 그렇게도
쉼 없이 흐르더니
말라비틀어졌는지
꿈쩍을 않네요

슬픈 이 내 마음을
이젠 뭘로 표현할 수 있을까요

밥 한 숟가락

밥 한 숟가락
살기 위해
입에 욱여넣었다

따뜻한 온기가
입안을 감싸자
가슴이 턱 막히며
밥보다 뜨거운 눈물이
미친 듯이 흘러내렸지만

목구멍으로
숟가락을 밀어 넣었다

살기 위해
삼켜야 했다

터널

하얀 점 하나
마지막 희망
기대 그 이상의 무엇

달콤함 혹은 씁쓸함의
하얀 꽃 송이 하나

묵직하게 놓인
검은 돌 하나

저 끝
알 수 없는 파랑새를 쫓아
수많은 찢김을 등에 지고

언제 무너질지 모를
이 긴 터널에 뛰어든다

정거장

나는
하나의 정거장이다

행선지가 정해진
수많은 것들이 지나치는
하나의 정거장

언제 올는지
어디로 가는지 알 수 있지만

그림자가 생기고 없어지며
다시 까치가 울기까지
묵묵히 그곳을 지키고 앉아

지나쳐 가는 인연들의 열린 문에
그저 눈웃음 지어 보내고
일어나 마주하지도 않는

나는 그저
하나의 정거장이 되련다

희망 사항

방충망에 맺힌
물방울을

손가락 몇 번 튕겨
털어낼 수 있듯

생각의 그물에
이도 저도 아니게 걸려 있는
불필요한 감정과 생각들

툭툭 털어낼 수 있다면
다시 또다시
물방울이 맺혀도
두렵지 않을 텐데

사랑, 그 후

우리는
우리라는 울타리로
하나가 되길 바랐고

우리는
예스러워 보일지 모르는
길을 걸었고

그래서 우리는
아플지라도
함께이길 소망했다

다르지만
같길 갈망했지만
같을 수 없었다

그런 여행

가는 길 즐겁고
오는 길 아쉬움이 남는
그런 비스름한

여행과도 같은 만남을
언제까지 해야 하죠

아쉬움이 남는
그럴만한 여행이었나요

나에게
그대에게

이젠 좀 지쳐 가니
생각도 기대도
그만하고 싶어요

나를 위해

네가 떠난 공허

한껏 내 속을 헤엄치던
황금빛 네가 떠난 자리

밤낮으로
세상 것들 욱여넣어
채워 보려 하나

찬란하던 그 자릴
어느 무엇 하나
채워 주지 못하는구나

너는
이 세상 것이 아니었나 보다

그래서 더
찬란했나 보다

마음이 하는 사랑

살갗이 스칠 때마다
순간순간
요동치던 심장이
어느새인가
안정감을 느낀다

설렘은 사라졌다며
부족한 머리의 속임에
동의했지만

내 심장마저도
너의 심장 박동을
닮았었다는 사실을
왜 뒤늦게 깨달았을까

외로움

죽어 가는 줄 모르고
싫어했다

싫어해야
혼자가 아닐 거라 생각했다

싫어하는 것을 좋아해야
내가 살 수 있단 걸

좋아하는 것만
좋아하다 보니
알게 되었다

후각

나의 후각에
너를 품었다

한참을
가슴으로 느끼며
놓아주지 않았다

미세한 파동조차
놓치기 싫어

206개의
진동판에 새겨본다

깊어가다

이 밤이
너와 함께 깊어 간다

너와 함께라
밝아진다

잠들어야 할 어둠이
나와 함께
너를 향해 미소 지어 보인다

차가운 밤공기
작은 액정 속

너를 향한 마음은
깊어져
따뜻해진다

길을 잃다

하염없이 멍하니
초점 없는 눈으로

멈춘 시간에 묶여
흘러가는 세상을 바라본다

불어나는 걱정에
집어삼켜지지 않도록

한참을 그렇게
멈춘 세상에 갇혀 있길
멍하니 바란다

그때

뭐가 그리도 즐거웠니

그땐 뭐가 그렇게
웃을 일이 많았을까

아무것도 따지지 않던
그때의 친구들

계산은
슈퍼마켓에서만
잘하면 되었던

그때 난
뭐가 그리 좋아서
웃을 일이 많았을까

지금 난
그때의 내가 되고 싶다

항해

흐르는 강물이여
내 몸을 받아 주오

나를 데리고
바다 한가운데로
미련한 이 몸 이끌어 다오

내리쬐는 저 태양에
좁은 이 시야가 멀어만 가도록

이골이 나 버린 내 자아마저
멀어져 버리도록

강물아
나를 저 멀리멀리 데려가 다오

어쩌면

가려져 버리면
사라져 버리면
어쩌면 그렇게 되는 것이

잠시 괜찮아지는 것보다
조금 나아지는 일보다
어쩌면

우물이 말라 버리고
시선이 가려져 버리고
미세한 파장조차
듣지 못하고 느끼지 못하는 일이
어쩌면

그렇다는 사실을
그래야만 한다는 이유에

더 빨리 깨닫고 멈출 수 있다면
차라리

그렇게 되길 바라요

어쩌면

소원

진심이 듣고 싶습니다

간질간질
달콤한 말이 아닌

진심
그것 한 번이면 됐습니다

바라진 않겠습니다

바라볼 순 있어도
우린
바랄 수 있는 사이는 아니기에

소원 하나 마음에 새길 뿐입니다

카페

한 칸 방 안에 가만히 앉아
오만 가지 생각에 잠기다

뻐근해 오는 날개뼈를
부여잡고 움직이는 것이
어찌 보면 편할 수도 있으련만

물과 검정 가루 섞여
알싸함 거쳐 단내 나는
이곳으로 오는 이유는

홀로 느끼는 고독한 감정을
울려 퍼지는 선율 위
사람들의 세상 소리

이곳저곳에 하나씩 걸어
이편 저편으로 보내

저 하늘에 닿아
내 마음 조금이나마
쉼 얻길 바라기 때문입니다

이별

파도치는 바다를 거닐다
조용히 맞잡은 서로의 온기를

말없이 내딛는 걸음걸음마다
사랑이라 속삭이던 우리

해 질 녘 노을이 잠들기 위해
수평선 위로 몸을 뉠 때

서로의 머리 기대며
예쁘다 속삭이던 우리가

티끌만큼만 나를 생각해 주오라며
고개 숙일 때가 오면

옷매무새 가다듬으며
이미 남이 될 준비를 하고 있을 테죠

어느 누구 잘못 없다 하여도
이미 우린 우리가 아니기에

만감 교차하는 나날에

눈물 없길 바랄 뿐입니다

홀로 걷는 길

정해져 있는 슬픈 길을
웃으며 걸으려 하나

속속들이 보이는
이정표 하나하나에
마음이 미어집니다

기적과도 같은 일은
수많은 사람들에게 일어나기도 하지만
나에겐 아니라는 생각에

조용히 내려앉은 밤하늘 보며
끝나지 말았으면 하는 이야기를
머릿속으로 그리려다

곤히 잠든 기적은
깨어날 생각조차 않는 것 같아
소리 없이 울음을 토해냅니다

무뎌짐

부딪혀 돌아와야 메아리인 것을
돌아오지 않는다 하여 털썩 주저앉아

뻥 뚫린 저 먼 곳만 바라보다
그 높은 곳에서 한없이 낮아졌다

그곳은 텅 빈 하늘뿐

그저 그런 산이었다
그저 그런 풍경이었다

그곳에 묶여
더 큰 아름다움 놓치지 않게

그 아쉬움에 무뎌지길
그 아쉬움 견뎌내길

관계

옮은 실 한 가닥
조심스레
손바닥 위에 올려놓고

끊어지지 않게
소중히 간직하려
두 손으로 조심스레
포개기만 하다

또 다른
옮은 실 한 가닥 꼬아 보려
힘 살짝 주었더니

그만
본래 있던 실마저
끊어져 버리고 말았다

한 가닥이었을 때가
더 좋았으려나 싶다

꽃

여물어 가는 생명이여
급하지 말아 다오

서툰 나의 감정이
조금은 잠잠해지도록

금세 왔다 가지 말고
하루라도 더
내 곁을 지켜 다오

차가운 입김에
두려워 떨어지지 말고
그 자리에 머물러 다오

동심원

누가 먼저 생겨났는지
나는 중요치 않다

얼마나 너를 기다렸는지
나는 중요치 않다

이렇게 만나게 됐으니
이전 것들 또한
나는 중요치 않다

내가 먼저
그대에게 물들었을지라도

너와 나
맞잡은 두 손의 온도는 같길
서로를 향한 중심은 같길

거짓 진심

커튼 사이로 들어오는 따스함에
아침인 걸 알았습니다

부끄럽다며
하늘이 붉은 얼굴을 띨 때에는
하루가 저물어 간다는 것 또한
알고 있습니다

변하지 않는 진심이기에
나는 그것들이 좋습니다

달이 뜨는 아침은
진심이 아닙니다
나,
해가 뜬 아침을 맞이하고 싶으니

진심이 아니라면
지나가 주세요

나만인 진심
사양하겠습니다

비워 내기

하늘을 바라본다
검은 하늘을 바라본다

내 생각
검게 물들어
아무 생각조차 들지 않게
하염없이 바라본다

잠깐 얼굴 내비치는
하늘의 보석들

반가워 웃지 않고
잠시 눈 감아
다시 검게 물들길 기다린다

가시지 못한 탄식
어둠 짙게 깔린 그곳에서
나를 비우고 버린다

공감

눈을 감고
그 무게를 헤아려 보려다
마음이 아파옵니다

무거운 짐 지고 걸어가는
그대의 모습이 빛나기에
더 그리합니다

그 무게 짓눌려
숱한 밤을 헤매는
마음의 짐들이

세차게 덮쳐 오는
성난 파도와 바람에라도
모두 쓸려가 버렸으면 합니다

내
한끝만큼도
무엇인지 공감치 못함에
한스럽습니다

부디 조금씩

가벼워지길 바랍니다

소문

흐름 없이 미동도 없이
조용히 그 자리에 머물다

누군가 던진 조약돌 하나에
파장은 일고 일어
대지에 닿기까지 퍼져 버리고

물속, 대지 위 생물들은
놀라 떠나 버린다

던진 돌의 무게
너는 감당할 자신 있느냐

그 때문에 죽어 나간
죄 없는 생물들의 생명 값
감당할 자신 있느냐

진정 사랑

티 없이
방긋 웃는 아이를 보며
나는 그저 행복했다

나는
너의 그런 웃음이 좋았다

거기까지였던 걸까

애석하게도 세상은
그것만으론
사랑이라 할 수 없다 단정 짓는다

보이지 않는 것만으론
우린 사랑할 수 없다 한다
같이할 수 없다 한다

나는 너를 사랑한다
너도 나를 사랑한다
하지만
우린 사랑할 수 없다
너를 사랑하기에
너를 사랑해선 안 된다

보여줄 게 없는 난
나만 있으면 된다며 울고 있는 너에게
아무 말도 할 수 없었다

침묵

잔잔했던 바람에
수줍어하던 두 뺨에
한탄스러움을 보낸다

나의 목젖은
주저앉아 버리고

나의 시선은
잿빛이 되었다

밟히고 차일지라도
돌아가지 말고

말이 없고
생각이 없는
돌처럼 굳어 침묵하자

기억 상실

가끔
꿈을 꾼다

꿈속의 나는
해맑은 아이가 되어
넓은 들판을 뛰어다닌다

끝이 보이지 않더라도
해맑다

들에 핀 꽃들이
하늘의 새들이
저기 저 양 떼들이
나의 친구

걱정 없이 나는 행복했다
나 홀로여도 나는 웃고 있다

꿈속이 아닌

현실에서도

나는 웃고 싶다

다 잊으면

웃을 수 있을까

삶

차디차고도 붉디붉은
나의 축제들이여

인부들의 손길 너머로 들려오는
세상 살아가는 소리에

미어져 가는
나의 아우성이

새벽녘
차디찬 아스팔트 위에
덩그러니 나뒹구네

네 뼘 천 쪼가리 위에
수없이, 수많이 쏟아 냈던 마음들과
잠시나마 꾸겨 넣은 내일을 향한 발버둥

살아 있다 말해 주는 달팽이관의 울림
그 속으로 나는 다시 뛰어드네

노스텔지아

상공을 가르는 철새 무리가
나의 마음을 요동케 하는 것은

지나간 세월을 그리워 않고
떠날 수 있기 때문

재가 되다 못해
그것마저
강가에 흩뿌려져
눈에 보이지 않게
사라지고 싶다

노스텔지아,
그것은
아름답게 포장한
변명거리

무력(無力)

세상의 고통은
아름답게 피어난 꽃 한 송이
꽃잎 다 떨어뜨리려
안간힘을 쓴다

그런 세상이 만든 위로로는
너의 마음을 안아줄 수 없기에

표현조차 안 되는
시린 가슴으로
너와 함께 울고 싶다

너의 아픔을
대신하지 못한다는 사실에
이 밤은 검게 흐른다

지하철 막차

세상 냄새가 가득하여
미간이 움찔한다

덜그럭 덜그럭
바퀴 굴러가는 소리가
그 냄새들을 움켜쥔다

살기 위한 발자취들과
고단함의 파도들이
빈 공간 여기저기 널부러져 나뒹군다

사연 많은 열차는
내일을 향해 내달린다

나는 무엇을 위해
어디로 내달리는가

마음 덮기

말로 해 버린
마음의 이야기

하지 않았으면 좋았을
마음의 이야기

말로 다 못한,
하지 않은
마음의 이야기처럼

한 번 더 덮었으면
한 번 더 가렸으면

그랬다면
좀 더 나았을까

반지

뭔지 모를
든든한 감정이 드는 건
단지 이 조그만 쇠붙이
그 자체만은 아니겠죠

바라보면 생각나
흐뭇하게 웃게 되는
당신이기 때문이죠

그런 당신을 잃어버려
자체만으로 슬펐던 그날

당신 머물던 자리에
똑 닮은 그림자 남아 있어
그림자 가슴에 품고
주저앉아 한참을 울먹였네요

당신도 내 그림자
품고 있나요

흔적

잠이 덜 깨어
헝클어진 머리를
손으로 쓸어 넘기다

손가락 사이로
미처 풀리지 못한
머리칼이 걸린다

이렇게 된 지가 언제인지
기억조차 나지 않지만

그간 내 머리카락이
차분히 하늘거렸던 건
너의 손길 덕분이었다는 사실을

오늘도 너의 흔적을
손끝으로 음미해 본다